EL PRINCIPIO DE LOS

zorros BEBÉS

KATE RIGGS

CREATIVE EDUCATION

TABLA DE

CONTENIDO

SOY UN CACHORRO DE ZORRO.

Soy un zorro bebé.

¡Mira mis orejas puntiagudas y mi cola peluda!

¡Tengo muchos hermanos y hermanas!

Nacimos al mismo tiempo. Nuestro grupo se llama camada. Nuestro pelaje es más oscuro que el de nuestra madre.

Mis ojos se parecen a los de un gato. Veo bien en la oscuridad. Mis bigotes me ayudan a sentir cuando alguien está cerca.

Me alimento de la leche de mi madre. Luego empiezo a comer carne y otros alimentos.

Pronto podré correr muy rápido, hasta 45 millas (72.4 km) por hora.

¡Soy un zorro joven!

HABLA Y ESCUCHA

OWWWL!

¿Puedes hablar como un cachorro de zorro? Lo zorros ladran, gritan, y aúllan.

Escucha esos sonidos:

https://wildambience.com/wildlife-sounds/red-fox/

¡Ahora es tu turno!

PALABRAS BEBÉS

bigotes: pelos largos que crecen en la cara u hocico de un animal

camada: el grupo de animales que nacen juntos al mismo tiempo

pelaje: el pelo que cubre algunos animales

ÍNDICE

PUBLICADO POR CREATIVE EDUCATION
P.O. Box 227, Mankato, Minnesota 56002
Creative Education es una marca editorial de The Creative Company
www.thecreativecompany.us

DISEÑO Y PRODUCCIÓN
de Chelsey Luther & Joe Kahnke
Dirección de arte de Rita Marshall
Impreso en los Estados Unidos de América
Traducción de TRAVOD, www.travod.com

FOTOGRAFÍAS de Alamy (Donna Apsey, blickwinkel, bonzami emmanuelle, Life on white, Les Stocker), Dreamstime (Isselee), Getty Images (Les Stocker/Oxford Scientific), iStockphoto (GlobalP), Shutterstock (Bohbeh, Eric Isselee, WildMedia)

INFORMACIÓN DEL CATÁLOGO DE PUBLICACIONES
de la Biblioteca del Congreso is available under PCN 2019930514.
ISBN 978-1-64026-276-8 (library binding)